LA GRANDE
DÉCONNEXION

Jean-Pierre CRÉPIN

LA GRANDE
DÉCONNEXION

A Fanny, Charlotte, Patou, Jean-Marc, Charles Antoine,
Au Mignon Coco et François et à tous ceux qui m'ont supporté dans tous les sens du terme toutes ces années nécronomiques.

PRÉAMBULE

Des signaux gouvernementaux motivaient les foules et propulsaient les êtres par légions leur intimant l'ordre de dépasser d'une tête ou d'un talon les peuples voisins avec lesquels nous devions mutualiser nos intérêts divergents, suprême paradoxe, dans une marche forcée vers la gouvernance européenne notre destin programmé. De choc en pacte se précisait l'impact.

Cela s'appelait la compétitivité. Le concept était difficile à comprendre sauf pour celui qui maîtrise l'art étrange de tendre les bras vers celui veut les lui couper. Chaque peuple était un ami et un concurrent qui pouvait à tout moment te piquer du

Bizness parce qu'il était plus attractif en terme de baisse des salaires que l'on appelait pudiquement le coût du travail. Les Market Friendly (les amis du Marché) éternels sous-fifres de la Money Power tentaient de promouvoir l'idée ridicule que le Marché maîtrise la promesse d'un droit au bonheur dans un paradis promis dont il nous fallait juste prendre la direction. Un paradis de stress et de paillottes pour la légion des damnés dont les rangs grossissaient journellement et qu'il fallait convaincre que l'on avance bien mieux le ventre creux mais qui sentait confusément que rester accrocher à une falaise de marbre serait un objectif inatteignable. Beaucoup se trouvaient plus près de l'Amer (la mer) que des coquillages essayant déjà difficilement de ne pas sombrer vers le chômage et le hors d'usage. Ils ne seraient jamais des êtres de désir dans la compétition, tout juste espérait-ils être sauvés comme des produits de l'économie sans trop y croire. Sur le fond, ils ne souhaitaient pas vraiment accompagner cette mutation dans laquelle ils ne pourraient que croiser le bonheur. L'Ecotaxe venait de nous en faire la démonstration, la légion des damnés laminée par les efforts et la perte du bonheur dans les démocraties de marché n'était pas certaine d'adhérer à ce nouveau monde. Le consommateur zombi contaminé dans tous ses actes d'achat depuis des années n'avait pas la volonté de muter.

PRÊT EN BULLE

Quand un cinéphile me demande : quel est le plus grand rôle d'Omar Sharif ? Docteur Jivago ou Lawrence d'Arabie ?

Je réponds sans hésiter :

« Tiercé magazine !»

C'est en tous cas ce qui restera de ce fils des bibliothèques d'Egypte dans la mémoire collective, souvenir ou vestige d'une époque où l'on considérait que ce qui ne se monétisait pas ne servait à rien et où l'intégration des individus à une société ne se faisait plus que par le truchement des mass média financés par la grande consommation.

Il s'agissait alors de s'enrichir, les médecins n'étaient pas appelés sur le front de guerre des déficits et personne ne prétendait traverser le désert sans boire.

La sécurité sociale existait encore, le Marché de la dépendance n'était pas entre les mains des dealers. Le jeu en ligne et ses recettes fiscales était l'avenir de l'homme.

La révolution consumériste, initiée par la Money Power, le jour où celle-ci avait pris conscience qu'il était plus rentable de vendre de l'inutile aux consommateurs que d'augmenter la productivité avec des travailleurs s'achevait...

Toutes les Démocraties de marché allaient devoir muter et redevenir à l'image de l'Allemagne des sociétés de production.

C'était en tous cas la volonté clairement affichée de nos politiques.

Travailler plus pour gagner plus (Sarkozy)

Travailler plus et mieux (Copé)

Travailler plus et mieux pour gagner plus (Valls)

Travaillez plus pour gagner autant (Longuet)

Travaillez plus pour gagner moins et être heureux comme les chinois (Seguela)

Travaillez plus, moins bien pour gagner moins tout en étant malheureux (A suivre)

Unique remède prescrit : Avancer vers l'avenir avec comme seule armure : La productivité ... Autrement dit, faire des Démo-

craties de Marché ou sociétés de consom-
mation, des pays à l'image de l'Allemagne,
brefs des pays où l'on produit plus que l'on
consomme, ce qui nous parait surréaliste
puisqu'on ne cesse de nous répéter que le
pays tient grâce à la sacro-sainte consom-
mation et qu'on nous dit également que les
allemands ne consomment pas assez, ce
qui pose problème.

Bref changer le business model de la
France....en continuant à voir l'avenir dans
le marc du passé et à l'ignorer la réverbéra-
tion d'un possible retour en récession con-
sécutif à la réduction massive des dépenses
publiques et sociales et aux ressacs écono-
miques de pays proches.

On joue ensemble, on paye ensemble...Le
fameux (double dong nécronomique)

Concrètement cela signifie que les partis politiques dans leur ensemble font le pari d'une stagflation d'environ deux, trois ans qui déboucherait sur une croissance retrouvée menant à la supra bulle de la consommation durable « the next big one » approved by Money Power.

Les nouvelles bulles ne sont jamais que les idées du renouveau nécronomique.

Pourquoi en pareille période de stagnation peu créatrice d'emploi s'obstiner à vouloir à ce point augmenter la productivité ? S'agit-il de préparer une reprise réelle ?

Nécronomie Internationale, face contraire du Marché dans le Marché, vous le révèle :

Il s'agit simplement de faire un geste en direction des classes moyennes prises en étau fiscal et auxquelles, on ne peut désormais plus rien offrir que le triste privilège de travailler plus pour épargner un peu…

Car en pareille période la hausse de la productivité signifie hausse du pouvoir d'achat mais de certains au détriment des autres donc chômage pour les moins performants et baisse des créations d'emplois.

Cette variable est à prendre en considération dans les démocraties de Marché car l'équilibre se fait sur le global de la population (tout finit toujours dans la consommation ou dans l'épargne) Il ne sert donc à rien en pareille période de vouloir accroître la productivité de certains car en final cela revient à faire baisser la consommation de ceux qui se retrouvent au chômage ou de ceux qui ne trouvent pas d'emplois au profit de ceux qui *restent dans la course et épargnent. Les gains de productivité ne servent à rien s'ils sont supérieurs à la croissance. Mieux vaut le savoir maintenant que le cons- tater plus tard…*

D'ici peu les discours gouvernementaux, qui enflammaient les foules, enjoignant à cha- cun de dépasser d'une tête son prochain et qui désormais appelle à se serrer la ceinture collectivement pour continuer à financer une dette de la finance mondiale, n'auront plus l'oreille de millions de gens pour lesquels l'effondrement des valeurs communément enseignées, ôtera toute raison de sacrifice.

Madame Michu n'a jamais demandé à ce qu'on l'endette pour la transformer en Lady Gaga.

DÉVOLUER POUR ÉVOLUER

À quoi assiste-t-on-nous ?

La mutation est en cours, nous connaissons la prochaine étape de nos économies de bulle. C'est la fameuse bulle verte, celle de la consommation durable et des biotechnologies. Le Green Bizness.

La promesse du monde meilleur... la seule bulle qui puisse déblayer les débris de l'ancien monde. L'unique moyen de revendre tout à tout le monde. La bulle verte sera accompagnée par la révolution numérique connectée et les nanotechnologies.

Dans le même temps, nous vivons un véritable Hiroshima économique avec plusieurs dizaines de millions de gens sur le carreau, rien qu'en Europe. Les deux grands défis auxquelles nos démocraties de marché sont de faire tourner une économie basée sur la consommation durable avec des salariés jetables et d'exporter plus de richesses locales en important le moins de pauvreté possible.

En fait, ce que la Money Power veut vendre aux nouvelles générations, c'est   : *Tout ce que vos parents ont détruit, vous allez pouvoir le reconstruire.* L'écologie est la prochaine bulle, c'est à la fois une bulle de la consommation et une bulle du travail. La seule capable de faire repartir l'économie mondiale.

Proverbe nécronomique : *"En période de crise, peu de gens veulent ou peu-*

vent mourir en bonne santé ».Comment faire alors pour que les gens y croient encore et surtout comment faire pour tout leur revendre de nouveau. Comment faire pour qu'un fumeur (consommateur) atteint du cancer du poumon et en phase terminal se mette de nouveau à croire en l'économie ? L'idée directrice est de faire croire que les énergies renouvelables et les technologies vont sortir le monde de la crise. La Bulle verte, c'est génial, cela donne envie aux contaminés de continuer à vivre pour assurer un avenir meilleur à leurs enfants... Cela culpabilise les parents car chaque enfant qui nait doit de l'argent dès sa naissance   Comme je dis toujours « *faites des cadeaux à vos enfants, ce sont eux qui les paieront* ». La dette, on peut s'y pendre pas s'y suspendre.

Ainsi le siphonage en règle des classes moyennes n'aura pas été vain. Eh oui, le pétrole c'est mort, l'immobilier traditionnel, c'est mort, les matières premières, on ne peut pas trop spéculer dessus car cela crée des émeutes comme les émeutes de la faim dont sont issues les révolutions arabes. La bulle programmée du siècle est donc la bulle verte de la consommation durable… La supra bulle …

Au moins, nous pourrons dire à nos enfants que loin d'avoir fait de l'argent sur leur dos par les déficits publics, nous nous serons sacrifiés pour eux. C'est ce que la Money Power appelle la sortie par le haut….

Alors comment va s'organiser cette mutation ?

Lorsque l'on veut faire traverser une berge à quelqu'un, il faut réunir trois conditions. La première c'est de donner à la personne envie de traverser la berge en mettant de l'autre côté quelque chose qui va l'attirer. Dans ce cas précis, ce sera la promesse d'un monde meilleur. La deuxième des conditions est de sécuriser la traversée de la personne. Si l'eau est froide, lui mettre une combinaison de plongée, si la pente remonte de l'autre côté de la berge, mettre une petite échelle... Ce sera donc des incitations fiscales et des bonus-malus. Enfin, troisième condition : Mettre une claque dans le dos à la personne car sinon elle n'ira jamais... C'est une condition nécessaire. Ce sera donc des lois, des taxes écologiques, des diagnostics énergétiques, des changements de compteur EDF obligatoires et des contrôles écolo réguliers. Un peu comme les contrôles techniques pour les bagnoles. Du racket…

Il s'agit de forcer les gens à acheter un certain nombre de produits en feignant d'ignorer que les consommateurs sont contaminés. C'est en tous cas, ce qu'essaye de nous vendre l'enclave sociale-démocrate verte. Bref, Le monde rêvé des Bobos…

Territoire de synthèse entre l'enclave des amis du Marché et l'enclave sociale libérale verte.

Le passage de la nature à la culture est le passage du cru au cuit. Le plat semi-cuisiné n'existe pas, pas plus que ne peut exister la sociale démocratie dans un monde ou l'entreprise est faite pour créer des richesses pas des emplois. Voici donc venir le social-libéralisme. Les hommes politiques de droite comme de gauche ne peuvent plus désormais à des fins purement carriéristes que se proposer d'administrer l'économie en déplaçant le curseur suivant les besoins des populations.

LA CONFUSION DES TEMPS

Nous sommes devenus les otages du temps réel qui nous condamne à vivre en permanence dans le présent mais quel est ce présent ? Rien moins qu'un vrai faux présent perpétuel. Dans cette société post littéraire ou une image vaut mille mots ; le plus grand écrivain contemporain restera sans nul doute William Burroughs, l'un des fondateurs de la Beat Generation qui est pour moi le vrai père spirituel du langage HTML l'hypertexte langage que l'on utilise sur Internet.

La façon d'écrire de Williams Burroughs est différente de toutes les autres. En quoi consiste sa technique « Le cut up » ?

Il fait trois colonnes sur un cahier, dans la première colonne, il écrit ce qu'il vit, dans la deuxième, ce qu'il pense au moment où il vit car souvent nous accomplissons des actes en pensant à autres choses, enfin dans la dernière colonne, il décrit l'intrusion de l'information dans nos cerveaux, donc l'influence que peut avoir l'information sur nos actes et nos pensées. Après il mixe le tout et crée des phrases en procédant par collage.

L'intrusion de l'information dans nos cerveaux vient en permanence bouleverser nos vies L'actualité influence considérablement nos jugements. Le fameux effet papillon...L'économie étant une maitresse tyrannique, nous savons tous que ce qui a pu se passer à l'autre bout de la planète affectera nos vies. Tous les actes de nos vies quotidiennes sont impactés à notre insu sauf si nous arrivons à mettre un bouclier mental sur cette intrusion permanente.

Il devient dur dans ce vrai faux présent perpétuel d'éviter la confusion passé /présent/ futur. Nous sommes dans une période charnière qui restera dans les livres d'histoire car elle est marquée par beaucoup d'incertitudes. Nous sommes donc entre régression et progression. Les élites nous ont vendu pendant des années le fait que nous serions toujours dans un univers totalement progressiste alors qu' on s'aperçoit quotidiennement dans la rue et dans la vie que nous sommes dans une forte phase de régression due à la mondialisation. Les périodes comme celle que nous vivons sont donc très particulières. Bizarrement, la langue française bien que très riche ne compte pas de mot précis pour décrire pareille période. Peut-être tout simplement parce que nous n'avons jamais vécu une telle mutation. Orhan Pamuk, le prix Nobel turc de littérature en a fait le cœur de son œuvre. Cela s'appelle « l'hüzün ». Ce n'est en fait ni de la nostalgie ni de la mélancolie mais un sentiment collectif ressenti par des millions de gens en même temps lorsque l'on passe d'une époque à une autre.

Nous nous en apercevons à de multiples détails du quotidien ; Retour des jouets en bois, des barbiers, de l'argentique, du formica, du vinyle, du vintage, du « *c'était mieux avant...* »

Lorsque le futur semble si lointain et tellement hostile, lorsque l'instant présent est tout ce qui reste et que l'on sait que l'on ne le maitrise pas, alors rejaillit le passé recroquevillé et enfoui dans les mémoires collectives. Un passé idéalisé est un passé qui a de l'avenir.

Pourtant dans le même temps tous les partis politiques traditionnels qui ont gouvernés sont progressistes d'où le décalage avec l'opinion. Le « *c'était mieux avant* » étant un ressenti réactionnaire jugé comme un retour en arrière sociétale mais les gouvernements étant dans l'incapacité d'accélérer le rythme de la mutation tout l'enjeu devient pour eux de transformer un sentiment négatif de retour vers le passé en sentiment positif.

Autrement dit, l'économie de Marché essaye de nous décontaminer en nous faisant redécouvrir les vertus du passé où l'on ne confondait pas la vie avec une accumulation de gadgets.

Plus fort encore, on essaye de faire passer des comportements de crises comme des modèles de progrès en utilisant les ficelles les plus grossières du marketing pour tenter de créer des tendances de nouveaux comportements. Pour combattre les maux, on invente des mots pour oublier qu'Il n'est pas pire destin que celui de l'homme condamné à s'appauvrir sur le lieu même de sa richesse.

Les jeunes et les plus pauvres vont chez des fermiers et travaillent gratuitement moyennant nourriture et hébergement. Cela devient le Woofing....

Le fait de déjeuner avec des personnes que l'on ne connait pas devient le co-lunching. Comme si tout cela n'était pas possible sans s'inscrire préalablement sur un site Internet. On vante aussi pour ceux qui n'ont pas d'argent les mérites de la colocation comme si c'était une expérience extraordinaire. On se déplace en rickshaw dans les grandes villes européennes. Le top du top de l'écologie. Bref, on réinvente le pousse pousse qui existe depuis plus de cent cinquante ans. Le covoiturage devient un must du consommateur citoyen prêt pour la mutation. Sur BFM business, on nous vante les vertus de l'économie collaborative qui consiste en gros à partager moyennant finance des produits ou des services avec ses voisins. Les journalistes experts nous donnent comme exemple la perceuse que l'on achète et qui ne nous sert qu'une fois. Pourquoi ne pas la louer ? Brel la création de richesse assortie de vraie valeur humaine est devant nous, nous ne la voyons pas...

 A Paris, nous nous en rendons compte particulièrement car nous sommes dans le temple des bobos. Nous les croisons quotidiennement, nous les voyons aller en short et en en tongs au Monoprix, manger des produits naturels à des prix exorbitants, acheter des jouets en bois pour leurs enfants

Le « *c'était mieux avant* » est pour les bobos la piste de décollage de la prochaine bulle de la consommation durable. Le SAS de décontamination....Piste de décollage pour les bobos, piste d'atterrissage pour les prolos.

Parallèlement, rien ne change dans le quotidien même si tout change réellement. C'est particulièrement vrai avec les medias où rien ne tient plus d'une semaine. *« C'est très grave docteur »* pendant une semaine…Après, c'est comme si rien n'avait été. Nous continuons sur autre chose dans le vrai faux présent.

Nous l'avons vécu avec la Syrie. Nous étions à l'aube de la prochaine guerre mondiale et puis, d'un seul coup, on arrête les armes chimiques. La guerre continue mais on arrête les armes chimiques donc on en parle plus et on zappe sur autre chose comme la falaise fiscale aux USA, le shutdown qui inquiète le monde. L'Amérique est-elle solvable ? Puis c'est au tour de l'Ukraine, des pays émergeants émergés et ainsi de suite et ainsi de suite. Cela ne s'arrête jamais. Je vous laisser tirer la confusion des temps.

DATA YOYO (KESKETASOUSTON GRAND CHAPEAU)

Dans le contexte très particulier que nous vivons, l'économie de marché biométrique, s'est mise en route devenant le garde-fou du consommateur citoyen.

Nous venions d'en avoir la démonstration avec **Prisme** qui constituait une violation absolue de la vie privée. Nous étions écoutés et épies. Yahoo, Google, Face Book ne fabriquaient pas seulement des profils de consommateurs, nous savons aujourd'hui que le FBI et la NSA se servaient également de ces données pour fabriquer des profils de terroristes potentiels ou imaginaires.

Quand Julian Assange, le fondateur de WIKILEAKS, disait, il y a quelques années que Face Book était la base arrière des renseignements généraux américains, tout le monde rigolait... Nous savons maintenant que c'était vrai.

Il faut avoir en tête en permanence que la valorisation de tous les géants de l'Internet est basée sur ce qu'on appelle **le Big Data**. Autrement dit l'extraction de données concernant chaque personne.

Nous en sommes arrivés à ce que Hannah Arendt avait prédit : Un consumérisme totalisant et un décloisonnement total entre la sphère publique et la sphère privée. Nos amis, nos amours, notre sexualité, notre travail, tout est désormais en ligne sans que personne n'y retrouve à dire.

C'est, ce qui est le plus incroyable car tout est basé sur le déclaratif que font les gens spontanément : « *Mon mari m'a quitté, ma machine à laver vient de tomber en panne, mon gamin rentre à telle école...* »

Le phénomène est de l'ampleur d'une pandémie et nous sommes tous impactés. Certains rabbins avouent même attendre la fin du Shabbat, le doigt sur la souris. Nous sommes dans un mode intra et ultra connecté qui se développe de manière spectaculaire et tentaculaire. Prochainement les lunettes Google, les imprimantes en 3 D et le lot de tous les nouveaux appareils connectés rendront impossible une vie non connectée sauf à s'exclure de la société. Après chaque rendez-vous, nous sommes systématiquement googlés pour savoir qui nous sommes. Le marché de la réputation électronique est en plein essor car tout est gravé dans le marbre de l'internet. Le virtuel est devenu supérieur au réel, cela ne fait plus aucun doute. Nous le constatons dans la vie de tous les jours. Nous sommes dans l'ère du primat de la personnalité numérique dont nous ne sommes plus que des avatars.

Preuve en est pour le commun des mortels s'incarner physiquement devient un vrai problème. Nous le voyons bien dans les sites de rencontres. L'étape où ils doivent s'incarner physiquement est source d'angoisse pour eux car c'est le moment qui va donner le feu vert après avoir discuté avec un choix dans une base de données multicritères et la rencontre avec la personne. Ce qui constitue finalement la dernière étape avant de coucher avec elle. L'incarnation physique dans un rendez-vous sert uniquement à valider que physiquement la relation est en quelque sorte jouable et que les personnes n'ont pas trop menti sur leur apparence.

Dans ce contexte, l'homme du futur doit apprendre à gérer sa schizophrénie. Dans les années 80, nous pouvions avoir une personnalité avec sa femme, une personnalité avec nos copains, une personnalité avec nos collègues. Nous arrivions encore à nous en accommoder. Sur notre lieu de travail trônait alors la photo de notre femme, de nos enfants, et de notre maison, parfois des vacances.

Le numérique a tout décuplé puisque l'on y intervient sous des pseudos où chacun se crée de nouvelles personnalités qui n'existent que dans le virtuel. Par conséquent la schizophrénie n'a jamais été aussi grande et est même devenue quasiment obligatoire. Appuyer sur une souris ou dialoguer avec des groupes d'affinités sélectionnés dans une base de données multicritères, ce n'est pas rencontrer quelqu'un...

Nous devons donc désormais nous astreindre comme une discipline de vie à avoir des activités hors de la famille, hors des collègues de travail ou de tous ceux qui sont déjà préétablis ou suggérés par Internet. C'est à ce prix que s'effectue le démontage d'illusions. Que la nouvelle amie de l'ancien président du FMI, soit une experte des réseaux sociaux n'est pas un hasard. Elle peut par son savoir-faire l'aider à nettoyer son E-reputation. Des sociétés comme Google peuvent couvrir tous les métiers du monde avant de devenir banquier, la finalité. Les lunettes Google permettront de voir ce que l'on consomme. Dis-moi ce que tu consommes, je te dirai qui tu es. Les ordures ménagères sont la base de données la plus fiable de tous les temps.

Quand les cars Google Maps ont traversé l'Europe pour tout photographier, à part les allemands qui semblent encore sensibles au concept de vie privée, personne n'a trouvé rien à redire préférant saluer la performance technologique.

Via les IP trackings, nous donnons spontanément les clefs de notre vie. Nous appelons cela les réseaux sociaux mais ils n'ont de sociaux que le nom, le mécanisme est de te vendre quelque chose sous couvert de te faciliter la vie

Il existe à ce jour aux USA, de jeunes activistes qui conscient de violer quotidiennement leur vie privée, proposent de vendre directement leur navigation à des marques et enseignes. C'est le cas de Frederico Zannier, un étudiant new-yorkais qui s'est lancé dans une démarche de « crowdfunding inédite : mettre en vente sa vie privée. Depuis plusieurs mois, il collecte toutes ses données de navigation et les vend au prix de deux dollars la journée.

« J'ai violé ma propre vie privée. Maintenant je vends tout. Mais combien

est-ce que je vaux ? »

LA RÉALITÉ DÉPASSE L'AFFLICTION

Tous le marketing des années 80 a consisté à passer du Trade Mark au Love Mark. C'est-à-dire à entourer le consommateur d'une affectivité grandissante. A cette époque, on voyait des pubs à la télé du style France Télécom vous aime, votre banquier vous aime, toutes les marques se sont mises à nous aimer. L'irruption de l'Internet a amplifié ce phénomène. Le principe du web, c'est d'abord de créer une audience puis d'installer une relation avec cette audience donc forcément de l'affect et ensuite de transformer cette relation en valeur donc de la monétiser. Le schéma est toujours le même. C'est celui-là…Faux affect, vrai bizness…

Le bizness de l'internet est le même depuis l'origine. Il se décompose en trois phases :

En premier lieu, il s'agit de créer une audience. En second d'installer une relation avec cette audience, enfin de transformer cette relation en valeur. De transformer les « *Like* » en Dollars. Autrement dit de monétiser.

En quoi est-ce intéressant d'écrire que son lave-vaisselle est en panne ? Si ce n'est de recevoir des offres de fabricants qui se servent de ton déclaratif pour te vendre sous couvert de te faciliter la vie. Malheureusement, être présent dans les réseaux sociaux est devenu un point déterminant de l'existence. Ne pas y être présent revient à perdre son identité. Par conséquent, nous en sommes arrivés à un stade où les gens scénarisent leurs propres vies. Ce qui n'a plus rien à voir avec la réalité.

Dans les années 70, 80, plus de 50 pour cent des gens rencontraient leur conjoint sur le lieu de travail. La vie était organisée comme cela. Aujourd'hui, plus de cinquante pour cent se rencontrent via des sites de mise en relation après des choix dans une base de données multicritère destinée à affiner tes choix, « *j'aime ci, j'aime ça* ».

Chacun peut raconter ce qu'il veut, vrai ou pas vrai. Nous pouvons même naviguer suivant les sites dans des choix extrêmement précis y compris dans la sexualité. En dialoguant avec un ordinateur qui va filtrer des profils pour toi, tu obtiens des réponses sans même t'apercevoir que tu n'es déjà plus dans la rencontre et même plus acteur de tes choix. Le principe même de la vraie rencontre, c'est d'éviter tous les champs du possible qui nous sont imposés que cela soit le milieu social ou le milieu professionnel. Sans quoi, la rencontre ou l'amour n'est plus qu'un bizness model. Un bizness model de nos vies. Aucune vie ne se construit durablement communiquant sur les aspects positifs de sa personne alors que dans la vraie vie, nous pouvons tout à fait aimer des gens pour leurs qualités et pour leurs défauts. Il m'est même arrivé d'aimer des gens plus pour leurs défauts que pour leurs qualités. Dans le monde virtuel, c'est totalement impossible.

Un grand philosophe arabe m'a expliqué un jour que la France était l'un des derniers pays où l'on se mariait encore par amour que nous tenions cela des lumières. Dans la plupart des pays musulmans ou asiatiques et même occidentaux, le mariage est un moyen d'ascension sociale. Berlusconi dans ses petites phrases a dit un jour que lorsqu'on est pauvre, il existe toujours un moyen de devenir riche, c'est d'épouser une fille riche. Comme nous l'avons dit précédemment, le site de rencontres démultiplie cet aspect. Le critère de l'argent y est très important puisqu'on y scénarise le business plan de nos vies. Raison pour laquelle, ces sites sont payants. Trouver un conjoint devient un bizness comme un autre. Un bizness plan menstruel…Du siphonage en règles…Quant à l'amitié, dix mille amis virtuels, trente mille amis virtuels, les chiffres parlent d'eux-mêmes. Ce ne sont pas des amis simplement des personnes auxquelles tu racontes ta vie en disant que ça va bien et qui font pareil avec toi en omettant tout ce qui va mal. On a parfois l'impression en lisant leurs vies que c'est la grande aventure au coin de la rue dès qu'ils mettent le pied dehors.

En Asie, les gens photographient leur assiette pour montrer ce qu'ils vont manger. On retrouve partout sous différentes formes le même besoin de faire franchir le seuil de son intimité et d'exposer sa vie pour la faire partager. Ce n'est pas un hasard si tous les géants de l'Internet ont racheté à des prix astronomiques des compagnies comme Instagram qui avaient développé des applications de partages de photos. Après les portables avec lesquels, nous sommes photographiés parfois sans notre accord, viendra le temps des Google glass où là, nous ne saurons même plus quand nous sommes photographiés.

PEUT-ON RECONNECTER SON SEXE ET SON CERVEAU DANS L'HYPER PORNOGRAPHIE ?

Historiquement les technologies ont toujours été lancées par le sexe. Le caméscope n'a pas servi qu'à filmer la naissance des enfants. Il a servi à bon nombre à filmer leurs ébats. A tel point que cela a détruit le cinéma pornographique en 35 millimètres au profit du film amateur en vidéo. Les premières applets java ont été réalisées sur des sites de sexe. La virtualité est un relais de croissance sans fin pour les pornographes. J'avais rencontré, il y a plus de quinze ans, un jeune russe qui contrôlait déjà à l'époque plus de la moitié des sites porno. Lorsque je lui avais demandé ce que représentait Internet pour lui, il avait eu cette réponse éclatante de lucidité : « *Internet, c'est un peu comme si, j'imprimais moi-même mes billets.* ». Ses clients s'abonnaient en micro paiement. Dès qu'ils voulaient se désabonner, il leur envoyait une lettre dans le monde réel. La plupart étaient tétanisés à l'idée que leur femme ou autre tombe sur ce courrier et préféraient rester abonnés et continuer à verser un ou deux dollars par moi plutôt que risquer un clash.

Bref, ils continuaient à payer sans même consulter le service. C'est la preuve définitive de la prédominance du virtuel sur le réel et de son influence. Pourquoi payaient-ils ? Pour avoir des rapports sexuels avec un ordinateur ? Plus besoin de préservatifs, juste un kit de nettoyage clavier. Encore du consommable…

Preuve encore de la suprématie du virtuel sur le réel, la société, dans son ensemble, a l'air de considérer que les fantasmes téléchargés sont-ils une réalité potentielle.

Nous le constatons dans les actualités lorsque nous apprenons par exemple que l'ordinateur d'untel ou d'untel a été saisi et qu'il contenait des images pédophiles. La personne va directement en prison. La justice considère donc qu'avoir téléchargé un certain type d'images est la ligne droite vers la réalisation de ces fantasmes. Autrefois, on disait toujours que le fantasme n'était pas la réalité, qu'il fallait faire une distinction, que les fantasmes n'étaient pas fait pour être réalisés ou vécus. Aujourd'hui, une simple présomption liée à des images téléchargées devient une preuve de culpabilité et d'un futur passage à l'acte.

Le porno au secours de la bulle verte

Dans le même temps nous sommes tellement gonflés à l'hyper pornographie que celle-ci devient un problème de santé publique au même titre que l'alcoolisme ou le tabagisme. Les sites pornographiques reçoivent plus de visite chaque mois que ceux de Netflix Amazon et Twitter réunis. Un tiers des téléchargements sont du porno. Les études récentes montrent que l'âge moyen où l'on voit pour la première fois du porno est entre 11 et 14 ans. L'incidence sur les comportements sexuels est colossale.

Une spécialiste des violences sexuelles de l'University of Pennsylvania estime que la pornographie a été un facteur dans tous les cas de violence sexuelle qu'elle a traités comme psychothérapeute. En clair, les filles attendent le prince charmant et elles voient débarquer Rocco Siffredi...

Les lobbies américains commençant à être très actifs devant pareils dégâts, de grands sites pornographique comme Pornhub tentent de s'acheter une conduite et propose de planter un arbre toutes les cent vidéos visionnées.

Le site pornographique a donc choisi de soutenir l'Arbor Day Foundation. (journée nationale de l'arbre) où l'on encourage les citoyens américains à planter des arbres.

Le prochain "Arbor Day" aura lieu le 24 avril 2015,

En moins d'une semaine, le compteur affichait déjà près de 12 350 arbres en attente d'être plantés.

Le grand écart fessiale

Nos addictions de polytoxicomanes deviennent donc créatrice de valeur....La rédemption est immédiate. Quid de plus naturel dans une société ou les ministres de l'intérieur deviennent des sex symbols. Désormais tout est média et l'on cul mule les audiences...Comme on les fesses boucs...

BOIRE LA LIE JUSQU'A L'HALLAL

Bien évidemment, si l'on regarde la photographie du monde, c'est Djihad contre Macintosh. Les républiques islamistes étant le seul adversaire qui se dresse face aux démocraties de Marché. A cet égard ; notre pays a qui l'on reproche souvent de ne pas être assez exportateur hors les sociétés du CAC 40 affirme un leadership européen en terme de Djihad. La charia du Marché ou la mollahrisation du capitalisme. Pouvait –il en être autrement ?

Les actes terroristes récents sont le fait de personnes qui se sont endoctrinés et formé par l'Internet mondial qui a décloisonné toutes les formes de pensée y compris celles liées au terrorisme. Dans le même temps, il n'a jamais été aussi facile pour un individu de se procurer des conseils voir des plans pour fabriquer du matériel destiné à tuer. Quelqu'un a même réussi à fabriquer un flingue et à tirer avec via une imprimante 3D. C'est effectivement un phénomène culturel très important qui permet à l'économie de Marché biométrique de se justifier d'exister. Nous l'avons vu à Boston avec les deux frères qui avaient même annoté des choses sur Face Book. Du déclaratif criminel volontaire proclamé virtuellement avant de devenir réel. Ce qui prouve encore la suprématie du virtuel.

Le concept Warholien qui veut que chaque individu rêve d'être une star, un jour, s'applique aussi pour les criminels. J'appelle cela le « Be a star for one dollar ». Tous les êtres humains ont envie de montrer qu'ils ont fait quelque chose dans leur vie.

Le système est devenu tellement pernicieux qu'on ne peut plus exister si l'on n'a pas d'identité numérique ou si l'on laisser de traces numériques nulle part. Internet est une grande bouche, une grande oreille. Le simple fait d'aller aux USA devient flippant quand on sait que la NSA accès à toutes nos informations privés. Les traces que tu laisses sur terre sont celles qui te foudroient dans le ciel. Les traces que tu laisses dans le virtuel sont celles qui te foudroient dans le réel.

VOYAGE AUTOUR DE MA CHAMBRE

En fin de compte, nous nous apercevons au fil des ans que le nomadisme que l'on nous vantait en nous expliquant que nous tous devenir des nomades circulant à travers le monde ne concerne que les gens qui ont de l'argent. Eux seuls ont les moyens technologiques d'exercer partout dans le monde en voyageant. Pour le reste de l'humanité, l'évasion se fait et se fera via l'écran connecté. Ce qui revient à voyager dans un club de vacances ou l'on se retrouve avec des gens du même milieu social qui parle la même langue que nous.

Là encore, nous voyageons tout en restant sur place puisqu'on ne se ballade pas hors les excursions prévues et l'on passe à côté de la culture du pays. Avec le passage du Net au Web, les désirs et les voyages sont customisés. Le consommateur est pris par la main, accompagné et téléguidé. Nous le constatons chaque jour à Paris avec les flux de touristes qui nous demandent des renseignements comme « *Où est Starbucks ?, où se trouve le Hard rock café ?* » Leurs points de repères sont les mêmes enseignes qui existent dans leurs propres pays. Dans ces conditions, on ne peut plus parler de tourisme. A observer, il y a peu de temps, une touriste chinoise qui souhaitait engager la conversation avec de jeunes français, je me suis aperçu à quel point les millions de touristes qui visitent

Paris ne peuvent désormais plus que ramener des images fixes d'une culture dont nous avons été dépossédée. Il n'aura fallu qu'un peu plus de 20 ans pour passer du marketing localisé au marketing mondialisé et ainsi uniformiser la jeunesse en gouts et couleurs...

Le tourisme étant une invention du 19 siècle, on peut s'interroger sur sa survie dans un monde où toutes les différences culturelles ont été uniformisées par le Marketing pour des raisons d'économie d'échelle et de domination.

Quel intérêt de visiter un pays, dont peu de gens connaissent l'histoire à part quelques événements comme la révolution française *sans même se rendre compte que la révolution Française est perçue et enseignée comme une révolution capitaliste en Chine.* Les mêmes chaînes, les mêmes magasins, les mêmes idoles... Les chinois viennent t'ils pour visiter la phase d'après du capitalisme ???

Certes pas...Toutes les démocraties de Marché se ressemblent, on y croise des gens qui ont deux yeux et si l'on n'y prend pas garde, on finit par leur ressembler.

LA CHAINE DE LA VALEUR DANS LA PAUVRETÉ EST-ELLE LA MÊME QUE LA CHAINE DE LA VALEUR DANS LA RICHESSE ?

Ce qui rend les choses encore plus terrifiantes finalement c'est que la chaine de la valeur dans la pauvreté est la même que la chaine de la valeur dans la richesse.

Les pauvres utilisent les mêmes techniques que les riches pour exister dans la chaine de la valeur. Nous sommes tous la chaine de la valeur et de la monétisation. C'est encore plus impressionnant avec la crise ou l'on voit même des individus vendre au détail ce qu'ils ont gratuitement dans les banques alimentaires ou autres resto du cœur. Je ne parle même pas de l'Espagne ou des familles entières vivent sur la pension de retraite de la grand-mère alors que dans le même temps la famille explose lorsque les générations précédentes n'ont pas d'argent. La canicule en France et son lot de morts non réclamés ou expédiés dans les fosses communes nous l'avait largement démontré.

Dans toute l'Europe, on voit désormais des personnes épouser de vieux ou de vieilles riches en fin de vie, unique moyen de devenir propriétaire. Nous ne sommes plus dans le service à la personne mais dans le siphonage de l'épargne des retraités.

C'est une sorte de cougarisation économique. Nous assistons d'ailleurs à un grand retour du viager nouvelle stratégie approuvée de la Caisse des dépôts et consignation. Une spéculation nécronomique sur notre propre mort.

LE PARADIS DU STRESS ET DES PAILLOTTES

« L'histoire est sans appel : il n'y a à ce jour aucun moyen pour améliorer la situation de l'homme de la rue qui arrive à la cheville des activités productives libérées par un système de libre-entreprise. »

Milton Friedman

Peut-on vivre sans le travail cette oppressive réalité à laquelle nous devons faire face ? Tous les gens que j'ai connu qui se sont enrichis, m'ont toujours expliqué que s'enrichir était une activité à temps plein et que lorsqu'on souhaite s'enrichir, on n'a pas le temps de travailler. C'est exactement ce à quoi nous avons assisté ces dernières années. Quand on sait que quarante pour cent de la richesse crée de par le monde ces dix dernières années n'a été reliée ni à la production ni à la consommation... C'est juste de l'argent qui va à l'argent.

Quand on voit que l'un des principaux économistes américains vient de déclarer à propos du quantitave easing et de la planche à billet qui tourne à fond aux USA, quatre-vingt milliards de dollars par mois déversés dans les banques, que plus de quatre-vingt pour cent de cet argent n'avait même pas atterri dans l'économie réelle où les gens travaillent réellement et donc pas servi au bienêtre collectif . Nous voyons désormais clairement comment les choses s'articulent avec une sphère financière qui n'a plus besoin ni de travailleurs ni de consommateurs. Tout le cash tant absorbé par le trou noir des dettes d'Etat. Nous sommes en train de crever de cela puisque toute régulation est totalement impossible. Le gouvernement vient de le comprendre tardivement. Signe des temps, on commence à voir à la télévision des publicités de banques qui nous disent qu'elles nous garantissent que nos dépôt, notre argent sera réellement investi dans l'économie réelle. Cela devient une aspérité concurrentielle et une façon de se démarquer.

Workaholic, est-ce la pire des addictions ?

En ce qui me concerne, oui, je pense que c'est la pire des addictions. Le workaholic est un drogué du travail, quelqu'un qui se réfugie en permanence dans le travail. Aux Etats unis aujourd'hui, il y a des groupes de workaholic, qui se réunissent exactement comme les alcooliques anonymes, les narcotiques anonymes ou les sex addicts. Le plus souvent ce sont des personnes qui dès qu'elles vont rencontrer le moindre conflit dans la vie vont s'enfermer dans le travail Il faut prendre aussi maintenant en compte le fait que le tissu économique et social est interdépendant avec le tissu amoureux. Chez les entrepreneurs, on appelle cela la règle des 3D : Dépôt de bilan, Divorce, Dépression. Avec la crise, cela concerne tout le monde car tout est interconnecté. Quand on perd quelque chose, on perd tout. Ce phénomène est accentué par la propagande que l'on fait autours du travail comme épanouissement personnel. Si tu n'as pas de travail, tu es dans la voiture- balai des sociétés modernes. Le Gruppetto des marginaux.

C'est l'histoire que Sartre conte dans **L'être et le néant** avec le garçon de café. Ce garçon de café qu'il observe au Flore et qui surjoue son rôle comme si il cherchait à se convaincre qu'il est uniquement sa fonction sociale afin d'échapper à son propre néant et à la vacuité de son existence. Il ne faut jamais se confondre avec son travail...

Et les retraités ?

Beaucoup de retraités travaillent encore pour s'occuper. Cela risque de changer pour les plus aisés d'entre eux car les retraités sont désormais en première ligne puisque la prochaine étape consiste au siphonage de l'épargne des retraités actifs. Nous sommes dans un contexte européen où la Money Power a rendu son verdict : baisser les salaires et les retraites comme cela s'est passé dans les pays d'Europe du sud, les pays dits du Club Med. Faute de quoi, les jeunes ne rentrant plus sur le marché du travail, nous assisterons à la fin de la retraite par répartition.

N'oublions pas que les retraites ont été inventées par Bismarck pour combattre le socialisme. Elles étaient à l'époque calculées sur l'âge moyen de la mortalité. La seule question était : « A quel âge faut-il la fixer pour ne jamais avoir à la verser ? »

La culture d'entreprise et les sépultures d'entreprise

Nous le voyons avec les vagues de suicides chez Renault, chez Orange, à La Poste. Ce n'est que très récemment que l'on a commencé à reconnaitre le suicide comme un accident du travail en quelques sortes. Il a fallu pour cela que des gens se jettent du haut d'une tour ou comme chez Renault aille se noyer volontairement dans un étang près du lieu de travail. Les plans antistress n'y changeront rien. De plus en plus de suicidés chuteront du haut des tours. Quant à ceux qui ne travaillent pas, on assiste là aussi à des vagues de suicides sans précédent. Certains avec des comportements suicidaires importés contre coup de la mondialisation comme l'immolation. On s'immole devant pôle emploi pour manifester que l'on a plus de travail. Pour en revenir à la culture d'entreprise, c'est une culture que l'on transfère sur un individu sans en assumer la responsabilité sociale. Ce qui arrange tout le monde.

Est-ce à chacun d'assurer son employabilité ?

C'est le discours du patronat. Nous allons vers une période ou l'Etat démissionne de toutes ses fonctions régaliennes. Les projets les plus avancés du libéralisme ou même de la social-démocratie moderne consistent à dire que chacun est responsable de son éducation, chacun est responsable de sa santé, chacun est responsable de sa sécurité et donc chacun est responsable de son employabilité. Derrière la compétitivité se cache l'employabilité. Si tu es « unemployable », c'est ton problème, ce n'est plus celui de l'Etat. D'où l'idée de mettre les gens en formation en permanence. Nous verrons mêmes dans les années qui viennent des personnes qui seront en formation tout au long de leur vie sans même avoir à travailler réellement. Ils seront balancés de formation en formation. David Cameron en Angleterre a parfaitement synthétisé cette évolution à travers son projet de Big Society.

Sommes-nous condamnés à devenir des marques humaines ?

La réalité, hélas, nous le démontre tous les jours. Quatre mille ans de civilisation pour en arriver à Nabilla et à Frigide Barjot, cela interpelle quand même. Pire cela donne envie de pleurer...Au même titre que l'employabilité, nous sommes tous amené à devenir des Marques en propre. Des marques humaines...Car seules les Marques survivront...Raison pour laquelle la plupart des pays engagés dans la compétition mondiale essayent à l'image de ce qui se passe en France de créer leur marque.

Le label France pour attirer les investisseurs et le made in France pour exporter notre savoir-faire mais aussi et surtout pour décontaminer les consommateurs zombis et les dissuader d'acheter moins cher des produits étrangers.

Le Made in devenant l'aspérité concurrentielle du pays. Le slip français, c'est une tour Eiffel devant pour attirer les investisseurs, un arc de triomphe derrière pour attirer tous ceux qui veulent vivre comme nous.

Sert-il à quelque chose de travailler en dehors des périodes de croissance ?

Je réponds tout de suite NON. Cela ne sert à rien en dehors du cycle économique des bulles qui permettent au sommet d'une bulle d'entrer sur le marché à des salaires plus élevés. Je l'ai vécu avec la bulle des nouvelles technologies. On voyait des ingénieurs arriver sur le marché à des salaires de quatre ou cinq mille euros alors qu'il y avait des ingénieurs qui étaient là depuis dix ans qui n'en gagnaient que trois mille ou trois mille cinq. La façon dont tu rentres sur le Marché conditionne évidemment totalement la façon dont tu vas arriver. Il faut en fait attendre le sommet d'une bulle pour commencer à travailler. Dans la période actuelle, tous ceux qui vont rentrer sur la marché du travail le feront dans un contexte déflationniste. Ce qu'on appelle pudiquement la désinflation compétitive comme cela s'est produit en Allemagne ou las salaires ont baissé pendant quinze ans.

je dirai qu'en période crise et je le recommande à tous ceux qui ont encore un peu de cash disponible, le seul moyen de s'enrichir, c'est de pratiquer ce qu'on appelle le Bottom Fishing. Au lieu de faire de la pêche aux affaires vers le haut, il faut faire de la pêche vers le bas. Il est beaucoup plus simple en pareille période, plutôt que de monter un projet de toutes pièces, de choper une entreprise ou commerce existant endetté qui vient de se casser la gueule.

L'autolimitation du travail est-elle une pensée subversive ?

Pour l'instant, cette pensée appartient à ceux qu'on appelle les objecteurs de croissance qui souhaitent rompre le rêve prométhéen des biotechnologies, des nanotechnologies et du numérique. Le problème, c'est que l'idée de décroissance ne franchit pas les continents. Comment expliquer aux pays émergeants ou plutôt émergés qui n'ont jamais connu la croissance qu'il faut la stopper pour revenir en arrière ? Mission impossible…

Comment apprendre à reconnaitre le travail lorsqu'il est déguisé en loisir ?

Que reste-t-il de la fameuse société de loisir que l'on nous a tant vanté dans les années 80 ou l'on nous expliquait que nous allions travailler de moins en moins dans les économies avancées. Comment a-t-on pu arriver à une telle erreur de diagnostic ?

Je pense que c'est un des enjeux majeurs de ce que nous sommes en train de vivre. Pourquoi ? Parce que dès les années soixante, le capitalisme avait compris qu'il avait beaucoup plus de fric à gagner de la propension des gens à acheter absolument n'importe quoi qu'à essayer de les faire produire plus. Raison pour laquelle dans les années quatre vint, on nous a vendu la société de loisir en nous expliquant qu'on allait travailler de moins en moins. Il fallait en réalité nous laisser plus de temps libre pour consommer encore plus. Après le 11 septembre, Georges Bush a exhorté les américains à reprendre leurs activités. Il ne leur a pas dit « *Reprenez le travail* », il les a exhorté à aller dans les centres commerciaux pour consommer. Ce qui était leur vrai travail. A savoir de consommer. De même, lorsqu'on donne le RSA à quelqu'un, il s'agit d'un plan de relance déguisé puisque tout repart immédiatement dans la consommation. Aujourd'hui, lorsque tu surfes sur Internet, tu as l'impression que c'est un loisir alors qu'en fait tu travailles pour les Marques et Enseignes qui collectent tes données personnelles sans même te rémunérer. Bref, tu travailles gratuitement. Donc ce n'est pas un loisir, c'est un véritable travail. C'est pour cela que je pense que c'est un gros enjeu d'apprendre à reconnaitre le travail lorsqu'il est déguisé en loisir. Aujourd'hui par exemple Face Book ramène quelques dollars par utilisateurs mais si l'on regarde la valorisation de la société, on s'aperçoit que les Marchés financiers estiment que dans très peu de temps, Face Book ramènera plus de cent dollar par utilisateur en acte d'achat. C'est cela le Big Data. Quand tu te connectes à Internet, tu as l'impression que c'est un loisir mais si tu n'utilises pas de brouilleur d'IP ou des technologies libres qui brouillent ton adresse IP, non seulement cela va te suivre toute ta vie mais en plus tu travailles gratuitement. C'est une sorte de ré intermédiation pour te vendre des produits. Autrement dit, c'est toi qui te vends à toi-même en fonction de ta navigation. C'est encore plus formidable. La vérité c'est nous vivons dans des démocraties de Marché puisque notre avenir commun se situe au centre commercial. L'acte d'achat est plus important que le droit de vote et derrière chaque acte d'achat, il y a un plan social qui se dissimule. On le voit bien avec le Made in France. Il faut acheter ci ou ça car cela te permet de préserver des emplois. Nous sommes désormais en permanence téléguidés idem pour la culture.

Certaines personnes pensent que consommer français est un acte citoyen, je pense pour ma part que ne pas consommer est un acte insurrectionnel ; Si on fait une grève de la consommation, on attaque directement l'économie et cela peut ouvrir des champs comme le revenu d'existence que l'on devrait avoir dès sa naissance. On y arrivera par des actions de ce type. Stopper la consommation sans sommation.

Va-t-on vers un permis d'exister dans une économie de marché biométrique ?

Pour faire le lien avec tout ce que nous avons pu dire préalablement, à savoir que nous allons dans un futur proche être tous responsables de notre santé, de notre éducation et de notre employabilité, nous nous dirigeons donc dans cette direction. Aujourd'hui en France, certains dentistes refusent de te soigner si tu es fumeur invoquant le fait que cela ne sert à rien. Viendra le temps où si tu ne corresponds plus aux critères de la société, tu seras immanquablement exclu du monde de l'économie. Aux Pays bas, plus d'un million de personnes ont été rayés des chiffres du chômage en étant reconnu incapable au travail. L'incapacité au travail dans ce pays ne concernant pas uniquement les handicapés comme nous nous pouvons l'entendre mais bel et bien des personnes dont on a estimé qu'elles ne pourraient jamais s'intégrer dans une logique d'entreprise car elles ne pourraient jamais atteindre en quelque sorte le niveau de compétitivité requis. Les anglais ont fait à peu près la même chose. Tout le monde ne pouvant pas devenir un champion dans son métier, il n'y aura pas d'autres choix qu'offrir un statut d'incapacité au travail ou un revenu d'existence pour maintenir une cohésion sociale et permettre à ceux qui ont les moyens physiques et mentaux de rester dans la compétition de vivre tranquillement. Dans ce permis d'exister, on peut tout à fait imaginer qu'il y aura une sorte de cartographie du génome du travail. Aux

USA, pays de la discrimination positive, On s'aperçoit par exemple que dans les principales universités notamment dans tout ce qui est Maths et Physique, les noirs et les latinos, n'arrivent plus à rentrer. Les asiatiques trustent toutes les places. A tel point que les grandes universités sont obligées de mettre en place des quotas. Imaginons que demain, pour aller plus loin dans le raisonnement, que l'on trouve un gêne qui explique que les asiatiques sont des gens qui réussissent plutôt mieux dans les démocraties de Marché que les autres communautés, nous serons en face d'une réalité terrifiante. Bien sûr si une telle découverte venait à être effectuée, elle serait immanquablement classé X et l'on n'oserait pas en parler mais rien ne prouve que cela ne serait pas pris en compte. Le permis d'exister ; c'est aussi la capacité qu'un individu, à s'intégrer à la société à partir de ses gênes.

Peut-on rétablir l'équilibre entre le marketing et la vie ?

Non, pour schématiser la vision que j'ai qui est, je le concède, une vision un peu cynique, on distingue en marketing les produits bruns et les produits blancs. Les produits bruns, c'est par exemple la télévision, le lecteur de DVD ou de CD, l'ordinateur etc...Les produits blancs, c'est tout ce qui est machine à laver, lave-vaisselle, frigo, congélateur. Les produits bruns servent à intégrer les individus dans notre société par le truchement des mass médias financés par la grande consommation. Les produits blancs servent à désintégrer les individus. Bébés congelés, bébés essorés dans une machine à laver, bébés dans les toilettes... Les bébés congelés, ce n'est pas anodin ...Nous sommes là encore devant l'irruption d'un nouveau comportement. Intégration désintégration, tous nos choix sont guidés, nous ne pouvons plus désormais rétablir l'équilibre entre le marketing et la vie sans grande déconnexion. Aujourd'hui pour donner un exemple concret, nous savons que le prochain gros scandale sanitaire après le tabac, sera l'obésité. L'énorme, c'est le cas de le dire, fléau mondial largement devant la drogue ou l'alcoolisme. A aucun moment pourtant, on ne remet en question les habitudes culinaires des uns et des autres. Raj Patel, un économiste américain spécialiste des crises alimentaires l'a mis en évidence dans son livre **« La valeur de rien »** où il propose avec une vison très éclairante dé réorganiser les Démocraties de Marché avec un nouveau calcul des prix des produits en fonction de ce est soutenable ou insoutenable pour l'environnement et les hommes. Ainsi pour lui, le vrai coût d'un Hamburger n'est pas de un dollar mais de deux cents dollars. Il prend ainsi en compte les dégâts fait à l'environnement, la chaîne d'abattage et la pollution qui en découle et bien évidemment l'obésité et ses traitements. Nous sommes évidemment très loin de tout cela et avons peu de chance d'y arriver vu la puissance des lobbies alimentaires. La réalité, aussi incroyable que cela puisse paraitre, et là nous ne sommes pas dans le virtuel, c'est que les pauvres sont gros parce qu'ils bouffent mal et qu'ils n'ont pas les moyens comme les bobos de bouffer de bons produits. Si tu veux être en bonne santé et manger des produits bios, tu as intérêt à être riche. Sinon du dépend du nouvel indice économique à la mode : L'indice Big mac.

Peut-on encore faire la différence entre la vie et une accumulation de gadgets ?

Les choses que l'on possède finissent par nous posséder. Le capitalisme s'est servi des enfants pour taper le portefeuille des parents puis il a transformé les adultes en adultescents. Le capitalisme nous infantilise pour nous mettre en face de nouveaux besoins. En fait, nous sommes tous des dépôts ventes humains, même les sentiments sont déstockables ou réintermediables. Nos récents Présidents nous l'ont largement démontré. Laurence Parisot la célèbre philosophe du MEDEF nous l'avait expliqué : Le travail, c'est comme l'Amour, cela ne dure pas toujours...

Est-il possible réellement d'être un consomm/acteur ou un consommateur citoyen ?

Le consomm/acteur est un mythe suprême. Le consomm/acteur est un consommateur suprêmement intelligent. Celui qui perçoit puisque nous sommes dans des démocraties de Marché que derrière chaque acte d'achat se dissimule un plan social.

C'est précisément ce que l'on essaye de nous vendre à travers le Made in France. Là où l'on veut nous amener, c'est que chacun finance son salaire via la consommation. Ce qui revient quelque part à nous dire qu'il faut maintenant payer pour travailler. La bulle verte de l'économie, c'est le consommateur qui ne veut pas détruire la planète. La réalité est que nous sommes des consommateurs contaminés, Pourquoi devrait-on changer alors que l'on nous a entretenus là-dedans ? Nous sommes devenus des consommateurs zombis exactement comme dans les films de zombis qui finissent toujours au centre commercial puisque dans les bribes de leurs cerveaux morts, ils répètent les gestes qu'ils faisaient le plus de leurs vivants. Nous le voyons avec le commerce équitable qui n'explose pas.

Acheter là pour que cela aille mieux ailleurs est déjà incompatible avec le Made in France qui signifie acheter ici pour que ça aille mieux ici.

C'est le principe de l'argent, si tu en as, c'est quelqu'un d'autre en a besoin. C'est le principe même de la circulation de l'argent.

Que penser de l'obsolescence programmée ?

C'est le grand discours du gouvernement en ce moment pour nous amener à la fameuse bulle verte de la consommation durable. Le seul marketing qui a prévalu ces trente dernières années a été un marketing basé sur le renouvellement des produits avec des cycles de vie très courts car au bout de peu de temps, soit cela ne marchait plus, soit un nouveau produit était sorti rendant obsolète celui d'avant. Bref, nous étions dans l'inverse de la consommation durable puisqu'a priori dans la consommation durable, tu achètes un truc une fois et après tu n'as plus besoin de l'acheter. L'idée est donc de mettre en place un dispositif pour que l'on propose aux consommateurs des produits qui durent plus longtemps. On a du mal à comprendre comment cela va tourner économiquement sans augmentation importante des prix sur tout si l'on ne revoit jamais le client ou si l'on le revoit tous les dix ans au lieu de tous les deux ou trois ans. Notre vie est une obsolescence programmée. D'autant que nos comportements d'achats déteignent même sur notre comportement avec les autres. On finit par changer de conjoint ou d'amis avec la même facilité dès qu'on ne trouve plus les avantages que l'on y trouvait ou dès que les personnes deviennent source de problème. Dans le marché de l'immobilier parisien, on consent des prêts de vingt ou trente ans à des couples alors qu'on sait que quatre couples sur cinq divorcent en moins de cinq ans. Le plus sidérant est que l'on nous parle de faire de la consommation durable avec des salariés jetables. Autrement dire, on veut essayer de faire tourner une roue carré. L'économie nous propose un pacte faustien Si nous voulons des avantages en tant que consommateur, il faut accepter de les perdre entant que travailleur.

Comment peut-on penser à s'installer durablement alors que l'on sait que l'on va être amené à changer plusieurs fois de travail plusieurs fois de relations amoureuses. Le tout dans une mobilité accrue devenue condition sine qua non de l'économie moderne. L'économie est une maîtresse tyrannique à laquelle personne ne peut résister. Laurence Parisot ne disait-elle pas elle-même que le travail est comme l'amour et ne peut pas durer toujours. De même, il n'existe pas d'agence de notation sociétale pour mesurer le bonheur des gens dans leurs entreprises. Il n'existe que des agences de notations financières. L'entreprise est faite pour créer des richesses pas des emplois. Par conséquent, elle ne veut et ne peut pas assumer un rôle social. Nous le constatons dans les sépultures d'entreprises et leur lot de suicidés. A part deux ou trois discours à deux balles sur la valeur travail, personne n'est encore capable de projeter une vision de l'entreprise comme source de bonheur ou d'épanouissement. Normal puisque c'est exactement l'inverse de ce qui se passe, le travail étant source de stress et de souffrance puisque source de compétition. Il ne peut en être autrement avec la compétitivité comme idéal absolu.

Le localisme est-il le seul rempart face à la mondialisation ?

On voit bien le principe vers lequel, on nous dirige. Ce n'est pas un hasard si l'on a supprimé le mot race de la constitution et des textes législatifs avant de le retirer des dictionnaires. Il n'y a plus désormais qu'une seule race : La race humaine et différentes ethnies. Reste juste les races de chien. Tout cela uniquement pour des questions de libre échangisme. Dans le même temps, la recherche généalogique et tous les phénomènes identitaires reviennent avec une puissance absolue. Il n'y a pas que les descendants d'esclaves ou les mecs qui te parlent du bled qui est un bled fantasmé car il n'y a jamais mis les pieds ou il serait incapable de vivre car il est né ici. Même pour les gaulois de souche que nous sommes, la quête identitaire devient omniprésente. A ce titre, elle fait aussi partie du localisme parce que le seul rempart face à la mondialisation est le localisme. Il n'y en a pas d'autres. C'est ce que j'appelle « la victoire du terroir ». Au-delà du Made in France, il y a le localisme car plus nous sommes efficaces à faire venir des produits de tous les coins de la planète, plus nous détruisons nos propres lieux de vies. C'est pourquoi le localisme est aussi une économie de survie. On peut tout à fait s'entendre entre nous dans une économie locale pour faire circuler l'argent sans avoir besoin d'une entité nationale. C'est cela le vrai localisme. Ce n'est pas du tout ni une thèse réactionnaire ni une thèse d'extrême droite. C'est une économie de survie qui peut tout à fait être mis en place sans le concours de l'Etat.

C'est le triomphe du localisme...C'est la dernière armure pour celui ou celle qui ne veut se voir totalement uniformisé en gouts et en couleurs. Pour ceux qui ne viennent pas de régions, ce n'est pas un hasard si les gens se regroupent par code postaux dans les démocraties de Marché. Tu es du Neuf deux (92), tu es du neuf trois (93), du neuf quatre (94)…C'est une forme de localisme urbain. Tu n'es pas breton, tu n'es pas basque mais il y a toujours l'idée que si tu es par exemple du neuf deux (92), tu seras toujours plus à l'aise que si tu vas dans autre département.

C'est cela le grand paradoxe car on vend la mondialisation aux plus démunis car le nomadisme ne concerne que les riches et l'on s'étonne qu'ils se regroupent par quartier par territoire de manière presque tribale.

Pour avoir travaillé sur les monnaies complémentaires ou alternatives je donne souvent un exemple pour expliquer le principe de circulation de l'argent. : Un client arrive dans un hôtel pour réserver une chambre. Il met un billet de cent euros sur le comptoir. Il paye sa chambre et monte à sa chambre. Le patron de l'hôtel prend les cent euros et les apporte au boucher à qui il devait cette somme pour de l'achat de viande. Le boucher prend l'argent et l'amène à une prostituée à laquelle il devait cent euros pour des passes. La prostituée encaisse l'argent et va à l'hôtel pour les donner au patron auquel elle devait cent euros pour de la location de chambre. Le billet est donc revenu sur le comptoir. A ce moment-là, le client de l'hôtel redescend et dit « *la chambre ne me convient pas. Remboursez-moi* ». Le patron de l'hôtel lui rend donc son billet de cent euros.

Ce qui est magique dans cette histoire, c'est que par le simple fait de la circulation de l'argent, plus personne n'a de dettes, toutes les dettes sont payées et ce sans création de valeur ou réelle transaction puisque celle-ci a été annulée. Cela évidemment peut fonctionner car nous sommes dans un circuit fermé. Il nous faut donc apprendre comme dans les utopies pirates à faire circuler l'argent entre nous sans passer par les banques. Pourquoi les banques seraient elles les seules à bénéficier de la sécurité ? Pourquoi les renflouent on en permanence alors que l'on sait que l'argent qu'on leur donne ne franchit pas leurs coffres forts ?

LE BONHEUR EST DANS LE PRÊT
ET LA MORT À CRÉDIT

Comment mesurer le bonheur? Plus de mille économistes et statisticiens réunis à Istanbul par l'OCDE ont planché sur cette question et sur les moyens d'introduire la notion de bien-être au coeur des instruments d'évaluation du progrès humain. A la tête d'une Base de donnée mondiale (World database on Happiness), compilant les données de 95 pays, nous avons pu constater que les gens les plus heureux sur terre sont les Danois, avec un indice de satisfaction de 8,2 sur 10, que les plus malheureux seraient les Tanzaniens (3,2), les Etats-Unis se classant 17e, la France

39e, la Russie 84e. Les pays heureux sont ceux qui sont riches, avec une économie compétitive, ils sont démocratiques, bien gouvernés, ce sont ceux où règnent l'égalité des sexes et la tolérance, où les gens sont libres de rechercher le mode de vie qui leur convient le mieux. Au niveau des individus, les personnes mariées sont généralement plus heureuses que les célibataires mais que l'indice baisse avec la naissance d'enfants et ce dès le premier enfant. Autre constat : Les hommes profitent plus de l'émancipation féminine que les femmes elles-mêmes, que le bonheur a tendance à baisser quand le niveau d'éducation est plus élevé.

En clair : De sexe masculin, marié sans enfants un peu con et pas trop riche voilà la clef du bonheur dans les démocraties de Marché.

DES PRESSIONS ET DÉPRESSION

Les premiers cas de dépression nerveuse ont touché les gens qui avait le moins d'activité physique. Comme disait Mishima, l'action combat l'imagination. Le phénomène de dépression nerveuse a touché une catégorie hype de la population. Evidemment tout cela crée des emplois, il suffit d'aller au tribunal de commerce de Paris pour se rendre compte que la plupart des sociétés sont montés par la communauté asiatique et que l'on voit fleurir partout des salons de massages mais tout cela est très lié au monde du travail mais surtout lié au stress du travail.

Les plus grandes sociétés comme Renault ont des plans anti-stress car le stress est à l'origine de la plupart des maladies et génère le déficit de la sécurité sociale au même titre que l'alcool et le tabac ou les antis dépresseurs. On se fait donc soigner le corps sans se faire soigner l'esprit... La cible c'est quand même les catégories socio professionnelle ++. Ce n'est pas Madame Michu ; ce n'est pas Marcel Trougnat...Ce ne sont pas les ouvriers des chez Good Year...Ce sont effectivement des gens qui par ce biais-là ont l'impression de rester dans la compétitivité et de soigner leur esprit, leur apparence et leur image. Encore une fois ; on peut s'interroger sur cette grande déconnexion entre le corps et l'esprit puisqu' on sait que la plupart des maladies sont très somatisées et viennent par l'esprit notamment ce qui est lié au stress. Ce n'est pas en se faisant caresser le corps ou se faire masser que l'on va résoudre le problème. C'est juste une façon de claquer son pognon et de monter que l'on prend soin de soi, juste pour montrer que notre image survit à la réalité de ce qu'est notre corps et de notre mental.

Une personne sur trois dans la population active sous antidépresseur ou sous anxiolytiques. Plus personne n'y arrive en fait....

Dans les années 60, 70, dans les comics, les petits magazines de bande dessinées, il y avait des pubs pour le Bullworker, C'était en fait trois tendeurs avec deux poignées en plastique de chaque côté. La pub représentait un type qui marchait sur la plage et il était marqué *« il y a quelques semaines, on m'appelait Jean le gringalet' »*

Quelques semaines après avec un corps soi-disant sculpté par le Bullworker. Les filles le regardaient et disaient *« Quel bel homme ».* Puis on le voyait entrer dans le bureau de son patron qui lui disait *« Jean, je vous trouve plus dynamique, vous êtes augmenté… »* Tout cela avec trois tendeurs reliés à deux poignées en plastique qui étaient déjà vendus à un prix astronomique car on ne payait pas pour le pauvre produit en tant que tel mais pour un concept de séduction qui allait changer notre vie.

Aujourd'hui, tout cela a pris une ampleur démesurée avec les réseaux sociaux, avec Instagram et la photo à tout va et la représentation.

LE PASSAGE DE ÊTRE, C'EST PARAITRE À PARAITRE C'EST ÊTRE

Depuis les années quatre-vingt les choses ont évolués. Nous venions d'une époque où l'on nous avait appris que l'habit ne faisait pas le moine. Après nous nous sommes aperçus que l'habit faisait le moine donc nous sommes passé dans l'être, c'est paraitre.

C'est l'époque de tous les megashows télévisés, l'avènement de certains personnages médiatiques et tout le conditionnement des années quatre-vingt comme Bernard Tapis animant le magazine

Ambition par exemple... Tout cela étant fortement relié à la société de l'information et à l'économie alors florissante. Aujourd'hui avec tous les instruments connectés, nous franchissons encore une nouvelle étape. Nous sommes dans le paraitre. Ce que tu parais est réellement. Ce n'est pas pour rien que Facebook rachète Instagram et que Google et ses lunettes font la promotion de la réalité augmentée qui n'est en fait qu'une fausse réalité.

TITTYTAINMENT

En septembre 1995, 500 hommes politiques et dirigeants économiques de premier plan s'étaient réunis à San Francisco sous
l'égide de la Fondation Gorbatchev pour confronter leurs vues sur le monde futur. La plupart tombèrent d'accord pour affirmer que les sociétés occidentales étaient en passe de devenir ingérables et qu'il fallait trouver un moyen de maintenir par des procédés nouveaux leur sujétion à la domination du Capital. La solution retenue fut celle proposée par Zbigniew Brzezinski sous le nom de « tittytainment ». Par ce terme plaisant, il fallait entendre un « cocktail de divertissement abrutissant et d'alimentation

suffisante permettant de maintenir de bonne humeur la population frustrée de la planète. Dans un monde nécronomisé où l'unité de compte est devenue le millier de milliards, regarder des millionnaires courir en short est devenue

l'ultime distraction planétaire et les enjeux de cohésion sociale qui y sont rattachés sont vitaux. Les supporters européens sont prêt à mourir pour leurs footballeurs pas pour leurs banquiers mais la survie des uns est liée à la sur-vie des autres....

Les footballeurs méritent donc leurs salaires. Deux clubs allemands en finale de la champions league, les market friendly autrement dit les amis du Marché y voient la preuve de la victoire du sérieux budgétaire et de la rigueur sur les équipes du club Med de l'Europe du sud. Le football est le prisme l'économie mondialisé et de ses enjeux géopolitiques. Raison pour laquelle les fonds souverains investissent massivement ce sport.

POURQUOI EST-IL NÉCESSAIRE D'APPRENDRE À SE DÉCONNECTER VOLONTAIREMENT ?

Dans le cadre de la psychiatrisation de la société, nous voyons aujourd'hui apparaitre un nouveau mot : La nomophobie. La nomophobie est la maladie des gens qui ont perdu leur portable ou se retrouvent non connectés. Aux USA, il y a des cliniques exactement comme pour la désintoxication, Les patients sont dans un état d'angoisse élevé, ils sont saisis par l'angoisse de perdre leur portable, c'est encore pire que pour la carte bleue...Le simple fait de ne pas être connecté leur donne l'impression que le monde se déroule sans eux, qu' ils ratent des évènements ou des contacts... Nous avons vu récemment que Google par exemple, s'intéresse très fortement au marché de la vieillesse et de la dépendance...On vit de plus en plus longtemps etc...Donc ils ont décidé de prendre position sur ce Marché prometteur. L'idée directrice étant de mettre dans son téléphone portable son génome son ADN et de l'avoir en permanence sur toi. Cela va sois disant permettre au cas où on tombe malade, d'avoir le tracé de tes maladies sur ton mobile. . On va donc demander aux gens qui vont probablement le faire puisque c'est un gigantesque Marché de mettre leur génome et toute la traçabilité de leur patrimoine génétique dans le mobile. C'est le gros projet de Google en ce moment, intégrer le génome humain dans le téléphone portable.

Tout ton historique santé sera sur ton portable. On voit de plus en plus des gens courir dans la rue avec des instruments connectés pour contrôler leur battement de cœur, leur respiration. Tout cela finit dans l'internet et dans le portable. Jamais les individus n'auront été autant contrôlés soi-disant pour leur bien. Nous rentrons dans une économie de Marché biométrique sans commune mesure avec ce que nous avons pu connaitre. Si tu t'es pris une cuite la veille, si tu fumes si tu as pris de la drogue, tout sera dans ton portable. Le portable devient une boite noire humaine avec toutes les conséquences que cela peut avoir sur ton employabilité et tout le reste. Si on te vole ton portable, on te vole ton génome, on sait tout sur toi.

Nous sommes dans le Big Data. Personnellement, je trouve effrayante l'idée que l'on puisse se balader dans ton historique individu. Avant quand tu perdais un téléphone, tu perdais juste un téléphone. Maintenant tu vas perdre ton empreinte génétique et ta réputation. C'est ça le Smartphone de demain. Si tu le perds, tu perds ta vie. Nous en observons déjà les prémices. A partir d'un certain Age, tu reçois dans ta boite mail, des pubs pour des escaliers électriques pour monter plus facilement les marches, des produits d'assurances, des produits de santé, des produits pour optimiser ta retraite etc…

Le parcours de l'homme dans la vie devient un parcours consommateur et uniquement cela. Le consommateur est supérieur à l'homme. Nous l'avions expliqué dans **Crise et Mutation**. Le consommateur est supérieur au citoyen puisque nous vivons dans des démocraties de Marché et que notre avenir commun se détermine au centre commercial et que l'acte d'achat est plus important que le droit de vote. Nous entrons maintenant dans une nouvelle dimension d'où la nécessité de savoir se déconnecter, parce que les gens ne vont plus arriver à savoir par eux-mêmes ce qu'il faut mettre ou ne pas mettre comme infos volontairement et tout cela encore une fois, nous est présenté comme quelque chose pour nous sauver la vie et tout le monde va le faire comme un seul homme.

Comme on sait qu'on va vers une médecine à plusieurs vitesses entre les riches et les pauvres donc celui qui aura le dernier Smartphone avec son ADN, son empreinte génétique sera mieux soignée

A ce jour plus de sept million de français consultent régulièrement quelques-unes des quarante mille applications médicales disponibles sur smartphones ou tablette. La promesse : Pouvoir prendre en main santé à domicile. Gérer sa glycémie gérer le diabète enregistrer sa fréquence cardiaque tester sa vision jouer les coachs dentaires tout est là tout existe tout est phénomène... La finalité mourir guéri...

Chaque être humain doit devenir responsable de sa santé et de son employabilité. Ainsi va la Big Society...

LA LOI DU SCORE

Ta valeur en tant que malade va devenir ta valeur faciale client et l'on choisira de te soigner en fonction de ton Smartphone, de ton forfait. On dira « *Ah bah non, lui il pèse que dalle, sa valeur faciale client nous montre qu'il ne consomme pas beaucoup. Bon en plus il coute cher, et il n'est même pas imposable. Y a pas besoin de faire des miracles ; toute façon, y a même plus d'assistance juridique publique… »*

Donc on s'en fout s'il dégage et inversement, ce type est un bon client donc il faut le soigner car il est actif dans l'économie.

Comme disait Bernanos « Qui dispose de sa mort peut affronter n'importe quel enjeu... »

NOUS IMPORTONS NOS MODES DE VIES VERS L'ORIENT, L'ORIENT PEUT-IL NOUS EXPORTER SES MODES DE VIES ?

Cela n'en prend pas le chemin. On assiste d'ailleurs à Paris depuis quelques années aux cas de divorce dans la communauté chinoise. Ni la famille africaine, ni la famille maghrébine ni maintenant la famille chinoise ne peuvent résister à notre modes de vie qui ne s'inscrit pas dans la durée exception faite des rentiers. Peut-être les asiatiques peuvent il nous apprendre le traitement social de la pauvreté car ce sont des peuples qui ont faire face à des

urgences sociales beaucoup plus forte qu'
en Occident avec de vrais problèmes de
faim et ont dû développer d'autres systèmes
comme le micro crédit mis en place par
Yunus le banquier du Bangladesh et qui a
d'ailleurs été appelé par Obama qui doit
faire face à une masse de pauvres massé
dans les Junk yards, des zones
commerciales désaffectées ou les gens
vivent sur les parkings, le plus souvent dans
des voitures, des caravanes car
contrairement à ce que l'on nous raconte
dans les medias, l'économie américaine ne
repart pas du tout. J'en veux pour preuve
que Ben Bernanke le patron de la FED,
grand spécialiste de la crise de 29 avant de
repartir à la retraite a rendu son verdict :
L'économie ne repart pas, l'immobilier
continue de baisser, le chômage baisse

parce que les gens ne s'y inscrivent plus et pire encore plus de quatre-vingt pour cent de l'argent fabriqué grâce à la planche à billet n'a pas servie à l'économie réelle où les gens travaillent réellement. Bref l'argent est sorti du coffre des banques mais a été réinvesti sur les marchés financiers. Même chose au japon. La régulation financière étant impossible rien ne prouve que nous ne partons pas dans une stagnation qui peut durer vingt ans à l'image du Japon des années 90 qui n'en jamais sorti malgré des milliards de yens qui n'ont servi à rien si ce n'est à bétonner le pays. En période de crise même les billets font la planche, les consommateurs ne consomment plus les investisseurs n'investissent plus.

Le micro crédit à la Yunus sera extrêmement difficile à mettre en place ici car nous sommes habitués à une autre forme de traitement social de la pauvreté. Depuis Yunus a été destitué de sa banque accusé par le gouvernement de sucer les pauvres. Bouteflika en Algérie qui est confronté aussi à un gros problème d'emploi a mis en place des micro crédits pour permettre aux gens de monter leur emploi. L'Etat finance certains frais, le camion pour livrer mais encore une fois personne ne connait l'art étrange de transforme tout le monde du jour au lendemain en entrepreneur si ce n'est pas culturel. Par conséquent les gens claquent l'argent, le claque ailleurs et six mois après, on est revenu au point de départ.

QUELS ENSEIGNEMENTS PEUT-ON RÉELLEMENT TRANSMETTRE À SES ENFANTS ALORS QU'ILS SONT CONDAMNÉS À VIVRE DANS UN MONDE DIFFÉRENT DE CELUI QUE NOUS AVONS CONNU ?

Le monde technologique a tout bouleversé sur le plan émotionnel. Graham Bell lorsqu' il inventa le téléphone pensait que son invention servira dans les plus grandes villes américaines à écouter des concerts ou du théâtre à distance. Il n'imaginait pas que les hommes allaient s'en servir pour se parler car dans son esprit pour se parler, les hommes pouvaient toujours se voir. Aujourd'hui nous constatons que le téléphone est devenu l'outil suprême pour faire absolument tout. Il faut se souvenir que dans les années 70, il fallait six mois d'attente pour avoir le téléphone et la première chose que l'on faisait lorsqu' on était équipé, c'était d'appeler les voisins pour dire "ca y est, je l'ai..." Idem pour la télévision, j'ai été élevé par ma grand-mère, à l'époque de la première télévision noir et blanc, nous n'étions alors même pas dans des modèles d'interactivité ou d'interaction via une télécommande. Ma grand-mère quand elle se déshabillait le soir, mettait une nappe au-dessus de la télé parce qu'elle pensait que les gens qu'elle regardait pouvait aussi la voir... Tout cela est sans commune mesure avec ce que nous vivons avec le choc de l'interactivité.

Quels conseils peut-on donner aux enfants et aux adolescents ?

De ne pas se comparer. Encore une fois, comparaison n'est pas raison. Toutefois, c'est la grosse difficulté du moment car dans la connectitude dans laquelle nous vivons, il est quasi impossible de ne pas se comparer. Les adolescents sont obligés de se comparer en permanence avec ce qu'ils voient ou croient voir d'où leur détresse. La comparaison sociale est sous tes yeux. Elle est chez toi sur un écran. D'où l'importance de La Grande Déconnexion. Quand j'étais jeune en banlieue, croiser un type qui roulait en Ferrari et me dire que je ne pourrai jamais en avoir ne me traumatisait pas plus que cela. Tout n'était pas non plus déballé sous mes yeux en permanence. Avec les réseaux dits sociaux, les adolescents sont dans la comparaison sociale, le plus souvent à partir d'informations super optimistes qui ne reflètent pas la réalité. Tous les jours des enfants plongent dans de graves dépression, certains allant jusqu'à se suicider

L'éducation nationale doit-elle être uniquement au service de l'économie ?

Quand j'entends parler du modèle allemand qui consiste à mettre tous les gamins en apprentissage des quatorze ans voir plus jeunes puisqu'il semblerait que cela soit désormais l'unique solution je comprends que les natifs d'un pays n'aient plus envie de faire d'enfants. C'est d'ailleurs ce qui se passe en Allemagne. Mettre tous les gamins aussi jeunes en apprentissage à un moment ou la pensée n'est pas structurée me parait très dangereux. Pourtant dans le même temps, nous sommes obligés de constater que les jeunes nourrissent des rêves que les démocraties de Marché leur génèrent. Même en Turquie, où il y avait une grande tradition d'apprentissage, les « Maitres » rencontrent des difficultés à trouver des apprentis. Les gamins contaminés voulant devenir pop star, sport star, voir porn star…Ceci étant dit vouloir à tous prix décider du sort d'adolescent aussi jeunes ne peut être satisfaisant. Nous l'avons vu dans le passé avec les conseillers d'orientations. Ces choix sont juste les choix d'une certaine élite et de ce qu'elle croit comprendre du fonctionnement de l'économie. On voit bien en ces temps troubles ou cela nous a menés. L'économie n'est plus une science exacte que l'astrologie sinon nous n'en serions pas là dans la mondialisation en train de vivre un Hiroshima économique.

Peut-on s'affranchir de la cellule familiale si on est obligés de vivre plus longtemps chez ses parents ?

Beaucoup de gens gardent leurs enfants à la maison jusqu'à des âges très avancés.

Ça, c'est quand même une grosse mutation car autre fois, nous avions les grand parents à la maison et même au sortir de la guerre les arrières grand parents. Maintenant c'est totalement inversé. On a les enfants à la maison à la place des grands parents.

C'est vrai que le fait que les enfants soient très tard chez leur parent donne lieu parfois à des scènes un peu surréalistes. Il y a peu de temps, j'étais dans la famille de ma compagne, chez une de ses sœurs qui a un enfant qui doit avoir vingt-cinq, vingt-six ans et qui vit toujours chez eux. Un type adorable qui a un bon fond qui s'intéresse à tout ce qui est coopérative, qui préfère aller chez des artisans et privilégier le localisme à la mondialisation qui refuse de faire ses courses dans la grande distribution. Plein de choses comme ça qui sont porteuses de bonnes valeurs. Bref, nous étions à table et il nous explique qu'il préfère boire du vin à quinze euros qui venait d'un viticulteur que d'aller dans un hypermarché. Nous avions du vin à deux trois euros à la table et sa mère n'a pu s'empêcher de lui faire remarquer le décalage qu'il pouvait y avoir et qu'il pouvait boire du vin à quinze euros parce qu'il vivait chez eux et qu'il ne payait rien d'autre. Donc il y avait une disruption entre la partie du raisonnement qui était bonne et remplie d'humanité et le fait que tout cela soit rendu possible parce qu'il ne payait rien d'autre. C'est la limite du raisonnement. Là encore nous sommes dans le virtuel et cela aussi c'est une Grande Déconnexion.

Nos enfants sont entretenus dans le virtuel et maintenant que le virtuel est devenu supérieur au réel. Le quotidien n'a plus place.

Changer le truc des chiottes ou une ampoule est moins important que le câble de l'Internet.

Faut-il craindre des émeutes transgénérationnelles ?

C'est un sujet tabou dans nos sociétés. Le règne des garçons sauvages tel que le prédisait William Burroughs. Cela existe déjà dans certains pays, au Congo notamment. Cela risque de survenir dans nos pays à travers l'histoire des retraites par mutualisation. Que propose-t-on aujourd'hui aux enfants ? Rien moins que reconstruire tout ce que leurs parents ont détruit. C'est ça le défi pour les jeunes. Ils naissent, ils sont endettés de trente-cinq mille euros bientôt cinquante par les dettes du pays. De plus il va falloir payer des retraites pour des gens qui sont partis avec de hauts niveaux de salaires alors que les jeunes vont rentrer très tard sur le marché du travail. Il faudra donc payer des retraites correspondant à des salaires qu'ils n'auront jamais. Les indignés ne vont pas toujours rester assis en tailleur, on peut s'attendre qu'à un moment les générations suivantes disent *« Apres tout pourquoi j'irai payer pour gens qui en ont profité plus que moi. Papa et Maman en ont bien profité, ils se sont fait du fric sur mon dos »*. Comme nous disions dans Crise et Mutation *« Faites des cadeaux à vos enfants ce sont eux qui les paieront »*. C'est le fonctionnement de toutes les démocraties de marché à l'heure actuelle. Les jeunes ne s'en rendent pas encore totalement compte mais nos gouvernants le savent. Ce n'est pas un hasard si notre Président à annoncer la création de l'équivalent d'un RSA pour les jeunes. C'est bien pour pallier à cela et éviter des problèmes transgénérationnels. Il suffit de regarder la pauvreté de la jeunesse dans toute l'Europe. On n'a jamais vu cela. En même temps il ne faut pas se voiler la face avec les histoires de compétitivité et le nombre d'enfants déscolarisés, il y a tout un pan de la société qui ne pourra jamais s'intégrer ou être assez compétitif pour pouvoir le faire dans le monde économique tel qu'il est.

C'est très difficile de pouvoir s'intégrer. Il faut non seulement avoir des études souvent supérieures, être en forme physique, être disponible et mobile géographiquement. C'est pour cela qu' à mon avis, nous glisserons petit à petit vers un revenu d'existence au même titre qu' il y a des gens qui passeront toute leur vie en formation sans même jamais avoir à travailler parce qu' ils ne trouveront jamais de boulot et qui iront donc de formation en formation.. Juste pour les occuper.

En Angleterre, Cameron a déjà annoncé depuis longtemps que tous les chômeurs longue durée devraient faire des travaux d'intérêt généraux pour rendre service à la collectivité. C'est l'autre tendance, une sorte de travail obligatoire. Soit on file du cash aux gens pour éviter qu'ils glissent vers l'économie parallèle soit la contrainte.

FIN DE VIE ET MORT ACTIVE

Un train de vie est-il un train de mort ?

Un train de vie, c'est comme un train, cela ne s'arrête pas comme cela. Tous les jours des gens se suicident car ils sont incapables de stopper leur train de vie. C'est d'autant plus dur à stopper lorsque tu ne maitrises rien. La plupart des gens ignorent comme le dit Keynes dans la théorie générale que nos vies ne sont le fruit que d'idées qu'elles soient bonnes ou mauvaises d'économistes défunts. Nous le vivons actuellement plus que jamais avec les éternels débats sur la façon de relancer la croissance. Une théorie du genre économique où il est acté que nos vies qu'elles soient riches ou pauvres ne sont que le fruit de la balance des paiements.

Autrefois, il était marqué sur les fenêtres « *Il est dangereux de se pencher au dehors* ». Pour citer les poètes du Grand Jeu, Roger Gilbert Lecomte disait « Il est dangereux de se pencher au-dedans. ». La première des choses à faire si tu veux donc maitriser ton train de vie est donc de te pencher au-dedans de ton être.

Le Marché de la dépendance est-il une dépendance au Marché ou une dépendance à la vie ?

Une dépendance au Marché...Comment se décompose aujourd'hui la vie d'un français ?

Le dernier bien immobilier sert à financer la maison surmédicalisée à 4000 euros. Ce qui prouve que nous ne sommes plus dans le cas d'une dépendance à la vie mais une dépendance au Marché. Ce que l'on prolonge n'est pas la vie mais la vieillesse…

Immolations devant le pôle emploi, suicides dans des églises, annoncer sa mort en ligne et la scénariser comme dans un film…Sommes nous en présence de suicides ou de morts actives ?

Nouveauté de l'époque   Le choix de Marketer sa mort ou de la scénariser et de la mettre en ligne bref de faire le choix d'une mort active.

Lorsqu'on parle de mort active, on pense à celle de Socrate qui en buvant la cigüe ne s'est pas suicidé mais a assumé le choix d'une mort active conséquence d'une vie active.

Désormais et c'est une tendance de fond beaucoup d'individus transforme leur suicide en mort active.

Les démocraties de Marché dans lesquelles nous vivons refoulent la mort pour en faire une névrose car elle marque la cessation de la production et de la consommation. Ce à l'inverse de sociétés même les plus primitives qui font le lien.

Tombes et Urnes sont-elles amenées à disparaître au profit de cimetières virtuels ?

C'est la direction que nous prenons. L'irruption de la permanence de l'écran dans nos vies génèrera la permanence de l'écran dans notre mort. C'est déjà le cas au Japon ou l'on installe l'ordinateur à côté de l'urne sur l'autel des ancêtres et l'on prie devant l'ordinateur. Logique, il faut se souvenir que le mot ordinateur pour désigner une machine de traitement de l'information a été trouvé par le philologue latin français Jacques Perret à la demande d'IBM. Il remettait ainsi en circulation un mot qui avait disparu depuis plusieurs siècles qui désignait dans le rituel chrétien, celui qui procède à des ordinations et règle le cérémonial. La boucle est bouclée. En attendant puisque le Marché de l'incinération est en forte croissance et désormais plus importants que les enterrements, notre futur immédiat compatible avec la bulle verte, la bulle du monde meilleur que l'on essaye de nous vendre, est le cercueil en carton : Ecologique, bio dégradable, très faible coût, qui résout en plus le problème de l'obésité car on arrive plus à faire rentrer les gens dans les cercueils... Le carton mouillé prend les formes. Au prix de l'immobilier cela permettra peut-être de récupérer les mètres carrés des cimetières... On le voit sur le Marché de la mort avec les conventions obsèques qui sont une gigantesque arnaque. Une espèce d'assurance vie déguisée ce qui est déjà paradoxal. La promesse que l'on te fait est de régler le problème et le cout de tes obsèques en plaçant ton argent et de verser le reliquat à tes héritiers. Dans la réalité, on s'aperçoit que l'argent ne sert même pas à la cérémonie. Cercueil, poignées du cercueil, crucifix etc...Tout est surfacturé de façon à ne pas avoir à reverser de l'argent aux familles. On te vend une mort grandiose, tu auras droit à une mort low cost. De nombreuses plaintes ont déjà été déposées par des familles auxquelles on avait fait telle et telle promesse sur la cérémonie et qui se sont aperçus qu'elles étaient bien loin du compte. Pour faire le lien avec ce que nous disions préalablement, la mort est non seulement un bizness mais la seule vente que l'on puisse faire sans à avoir à regarder la personne dans les yeux car après un décès, les gens sont effondrés et ne négocient pas les prix.

La mort est un Marché scorpionesque : Je consomme, je meurs... On ne voit jamais revenir le client. Les deux mamelles du marketing sont conquête et fidélisation. Dans ce cas précis, il n'y a pas de fidélisation, uniquement une phase de conquête de nouveaux clients. Nous sommes tous des cadavres en sursis.

La virtualité n'est-elle pas une forme d'immortalité ?

Un film d'Ari Folman avec Robin Wright « The Congress » traite de ce sujet. Pour les megastars vendre leurs images numériques sous forme d'avatars ou autres leur fera gagner beaucoup plus d'argent que de travailler. Puisque nous serons dans ce que l'on appelle la réalité augmentée. Donc la possibilité via des lunettes comme Google glass d'insérer des êtres ou des choses virtuelles dans ce que nous voyons réellement. Cela sera l'exploitation totale de l'identité numérique, à ce stade on fera jouer et chanter les morts et les vivants ensemble sans que personne n'y retrouve à redire ou parfois même s'en aperçoive. Plus fort encore les japonais viennent de mettre au point un système d'échographie qui permet aux parents qui souhaitent garder un souvenir éternel de leur enfant d'avoir une modélisation parfaite des fœtus via une imprimante 3D. Cela concerne également les femmes qui ont perdu leur enfant. Le tout présenté dans une boite à bijoux. Autrement dit, il n'est plus nécessaire d'être né pour exister.

Si le rêve est supérieur à la réalité, et si dans la mesure où nos personnalités numériques survivent à nos personnes, Pourquoi le virtuel ne serait-il pas une forme d'immortalité ? Après tout, les hommes construisent des maisons pour oublier qu'ils sont mortels…

J'avais eu cette discussion, il y a quelques mois avec Hanna Shygulla, immense actrice et très belle femme qui avait fait fantasmer des millions d'hommes. Elle m'avait alors posé cette question « *Alors, entre le réel et l'imaginaire, ça fait vous fait quelle impression de me voir ?* » S'attendait –elle à ce que je lui dise « *Rendez-moi mon sperme.* » ?

LA MORT EST-ELLE UNE GRANDE DÉCONNEXION ?

Oui pour tous ceux qui ne seront pas wikipédiés et qui forme la cohorte des anonymes....La légion des damnés....

Nécronomiquement votre,

JPC